Valencia

EVEREST

Coordinación editorial: Francisco Bargiela

Texto: Jaime Millás

Fotografías: Miguel Raurich

Diagramación: Ana Cristina López

Tratamiento digital de imágenes: Marcos Rodríguez

Diseño de cubierta: Alfredo Anievas

Cartografía: © Everest

No está permitida la reproducción total o parcial de este libro, ni su tratamiento informático, ni la transmisión de ninguna forma o por cualquier medio, ya sea electrónico, mecánico, por fotocopia, por registro u otros métodos, sin el permiso previo y por escrito de los titulares del Copyright.
Reservados todos los derechos, incluido el derecho de venta, alquiler, préstamo o cualquier otra forma de cesión del uso del ejemplar.

© EDITORIAL EVEREST, S. A.
Carretera León-La Coruña, km 5 - LEÓN
ISBN: 84-241-3541-5
Depósito legal: LE. 430-97
Printed in Spain - Impreso en España

EDITORIAL EVERGRÁFICAS, S. L.
Carretera León-La Coruña, km 5
LEÓN (España)

VALENCIA

Vista de Valencia desde el Micalet. Generalitat.

Valencia es una ciudad que se identifica a menudo con la cultura y el mar mediterráneos. Se trata de una descripción que no resulta azarosa, pues por sus arterias urbanas, por sus plazas y esquinas, en sus espacios públicos y privados, la sabiduría y la historia luminosa del viejo mar fluyen a raudales.
Al igual que sucede con otras ciudades de la cuenca mediterránea, tiene la suerte de encontrarse a orillas de este mar ancestral y alimentarse de lo que produce y, al mismo tiempo, sin abandonar sus olas, sus playas y sus contornos litorales, puede disfrutar de la tierra firme, de la riqueza y la abundancia agrícola de una feraz llanura, productiva cien por cien y habitada prácticamente en todos sus rincones, gracias al buen clima que le permite tener ese mar tan próximo.
El mar y sus orillas, el agua dulce de riego y la feraz huerta forman un todo inseparable, un conjunto armónico. El río Turia y la ciudad de Valencia se estrecharon también en un abrazo geográfico en tiempo inmemorial. Las primeras imágenes que recibe el visitante al llegar corresponden a ese mar vecino y al trazado urbanístico de una ciudad moderna, llana, sin desniveles en su trazado, rodeada de campos cultivados con esmero, incluso con goce estético, por todas partes.

A la capital del Turia se puede entrar de formas diversas. Por aire, el aterrizaje en el aeropuerto de Manises se realiza desde el mar y después de atravesar visualmente, a baja altura y de una manera fugaz, el conjunto de la ciudad. Si se entra en barco, la presencia de su fachada marítima y del puerto se hacen visibles cuando quedan pocas millas para acceder al puerto. Valencia, por ser tan llana y tener las montañas más cercanas a veinte o treinta kilómetros, carece de una imagen espectacular y vistosa desde el mar. Por carretera, desde el interior peninsular, se descubre poco a poco la amplitud de la capital y su área metropolitana, se confirma el buen maridaje que asentamiento urbano y actividad agrícola han ejercido en su configuración geográfica. En los accesos por la costa, el panorama corresponde al perfil de altos edificios entremezclados con campanarios y veletas, que ocultan las últimas barracas y alquerías agrícolas blanqueadas por sus moradores habituales. Por tren, la principal sorpresa se da en tierra firme ante la magnificencia de la Estación del Norte, obra arquitectónica modernista ubicada en pleno centro de la ciudad. Si la llegada se realiza en autobús, el viajero es trasladado hasta la estación edificada al otro lado del río. Su mirada, al salir del edificio, descubrirá el parque forestal, construido a lo largo del desecado cauce fluvial, y los primeros inmuebles del centro histórico, también llamado **Ciutat Vella**.

Los viajeros de otros tiempos no tenían tantas opciones ni posibilidades, porque Valencia estuvo completamente cerrada por murallas durante cinco siglos, hasta 1865. Aquel año el patricio isabelino Cirilo Amorós, en su calidad de gobernador interino, decidió esa medida urbanística para dar trabajo a los miles de parados que había provocado la crisis de la industria ciudadana de la seda. Una docena de puertas con torreones de vigilancia permitían la entrada al visitante a unas horas determinadas.

Panorámica del casco viejo de Valencia.

Puerta de Serranos.

Aun hoy quedan en pie dos de aquellos históricos accesos. Las **Torres de Serranos**, las más vistosas, fueron construidas mirando hacia el norte, sobre los restos de la antigua *Porta de Roteros*, por el maestro Pere Balaguer, siguiendo el modelo de la puerta exterior del monasterio de Poblet. Están rodeadas de espaciosos jardines y aparcamientos. En este balcón ciudadano, en la fecha especial de las Fallas, las fiestas más populares de la ciudad, que se celebran en marzo y culminan el día de San José, la fallera mayor invita a todas las personas que quieran participar gozosamente de la celebración. Son, por eso, unas puertas elegantes, al tiempo que acogedoras. Son la bienvenida más complaciente que ofrecen los nativos a los foráneos. Un foso rodea su parte anterior, y en la posterior se puede contemplar la belleza interior de su arquitectura gótica. Entre sus muros se conserva el **museo Marítimo**, que explica la vocación marinera de Valencia.

Las **Torres de Quart**, por el contrario, ofrecen un aspecto compacto de baluarte defensivo y protector. El maestro Pere Bofill las comenzó a construir en 1444 inspirándose en las torres de Castel Nuovo, de Nápoles. Muestran sin rubor, en el misterio de su mole pétrea, las diversas heridas, los impactos de los cañonazos que provocaron las tropas francesas en la Guerra de la Independencia. A sus pies se encuentra la estatua de *El Palleter* (significa «que trabaja con la paja»), héroe popular que resistió al invasor, según la tradición, colgando de su caña la estampa de la Virgen de los Desamparados, patrona de la ciudad, y del rey Fernando VII. Por la noche, cuando estan iluminadas y el paseante las descubre de repente abriéndose espacio a duras penas entre las fincas urbanas, estas torres reconstruyen un sueño de tiempos remotos.

VALENCIA

7

Torres de Quart.

Torres de Serranos.

Ayuntamiento.

Plaza del Ayuntamiento.

Después de esta entrada simbólica, el espacio urbano por excelencia desde donde surgen y se proyectan todos los paseos e itinerarios posibles corresponde a la **Plaza del Ayuntamiento**, corazón de la urbe que marca el pulso de todas sus manifestaciones más concurridas. Su extraña disposición triangular acentúa la perspectiva de los altos y elegantes edificios. Este amplio punto de reunión de la ciudadanía se abrió definitivamente en el siglo XIX, en un extremo de la ciudad antigua, ocupando terrenos conventuales, para atender las nuevas demandas de crecimiento y expansión. Por eso se encuentra a medio camino, en un punto equidistante, entre las calles de más solera de la Valencia medieval y la trama urbana de su parte más moderna. El **Ayuntamiento** se levanta sobre los restos del antiguo convento de San Francisco. El reloj de su característico campanario marca las horas del frenético ritmo comercial y financiero de esta zona de la ciudad. Sólo de noche recupera la calma, a excepción del público de cines y teatros, ya que los lugares típicos de copas de la noche valenciana se sitúan en otras zonas de Valencia. La plaza vive su apogeo las jornadas de las fiestas falleras, cuando el primaveral sol de marzo invade el ágora triangular e invita a lucir las primeras mangas cortas, mientras se disfruta a mediodía con el castillo de pólvora y traca. Millares de personas se agolpan para asistir al rito del ruido y fuego. Los puestos de flores, cultivadas en el extrarradio, ponen infinidad de colores y aromas a la estampa ciudadana. Y las terrazas de los bares, tradicionales mentideros, se llenan de tertulias y reuniones informales. Buena parte de las gentes que van y vienen por sus aceras son viajeros recién llegados a la ciudad, que salen de la **Estación del Norte**, construida entre 1909 y 1917, para hacer gestiones de unas horas o consumir proyectos de varios días. Unos son viajeros de diario, que viven en otras comarcas y llegan a la ciudad a trabajar, a comprar, a solventar asuntos de trámite. Otros son viajeros ocasionales, visitantes con maleta y cámara fotográfica, dispuestos a dejarse deslumbrar por el perfil modernista de la estación, por sus guirnaldas de naranjas coloreadas y sus mosaicos multicolores, por sus taquillas de madera y sus inscripciones invitando al *buen viaje*.

Plaza del Ayuntamiento. ▶

VALENCIA

12

Plaza de toros de Valencia.   *Torre de San Nicolás. Fachadas.* ➤

Y si a esa llegada repentina al ajetreo del centro de la ciudad, sin realizar una transición que permita adaptarse poco a poco, se le añade el bullicio que una tarde de toros sale desde el vecino coso taurino de la calle Játiva, el visitante quedará deslumbrado por la animación de la ciudad, que le invade cuando todavía sus oidos no han olvidado el ruido del deslizamiento del tren por las vias. La temporada nacional de los festejos taurinos más afamados arranca en esta arena, y su cartel continúa hasta las corridas de octubre. La Plaza de Toros se viste también de juventud y bullicio musical cuando ofrece conciertos nocturnos con los cantantes y grupos de moda. Por en medio de sus 384 arcos, distribuidos a lo largo de sus cuatro galerías simétricas, se cuelan los rayos de los focos y luces que acompañan estos espectáculos de rock y sonido.

El perfil de la Torre del Miguelete sobresale entre los edificios del casco viejo.

Valencia es una ciudad de perspectivas singulares. El escritor francés Victor Hugo eligió la de sus iglesias y conventos. Por eso la llamó en su tiempo *ciudad de los 300 campanarios*. Esa u otra cifra, no importa el número, el hecho es que los diversos constructores de la Catedral no equivocaron su pretensión cuando levantaron anexa al templo la **torre del Miguelete**, para que sus casi 60 metros de altura permitieran llevar el sonido de sus campanas más allá de las viejas murallas, por huertas y campos. Con el tiempo este faro urbano se ha convertido en emblema visual de la ciudad. Se levanta precisamente en el barrio que acogió a los primeros pobladores de Valencia, cuando esta era una isla rodeada por un brazo del río Turia y ellos unos colonos íberos que la llamaron Tyris. Los toques de la docena de campanas que se encuentran en su interior se difunden con fuerza por grandes ventanas en forma de ojiva. El gremio de campaneros, que se creó para conservar la memoria sonora de la ciudad, reproduce los toques de las fiestas tradicionales. Y también los niños, cuando en mayo compran la campanas blancas de barro cocido en el mercadillo artesano (la *escuraeta*) de la fiesta de la patrona y las hacen sonar con insistencia, se incorporan lúdicamente a esa popularidad de ciudad de campanas y campanarios. Desde lo alto de esta torre hexagonal y barroca se divisa la ciudad histórica, el impresionante cimborrio situado sobre el crucero de la planta del templo catedralicio, la cubierta del Palau de la Generalitat, las viejas torres y un entramado de callejuelas animadas por comercios tradicionales y bares.

Campanero de la catedral.
Torre del Miguelete.

Campana del Miguelete. Catedral.
Campanario de la iglesia de Santa Catalina.

Iglesia de Santo Tomás. *Iglesia del Carmen.* ➤

Arco entre la catedral y la Basílica de los Desamparados.

Plaza de la Virgen. Basílica y fuente del Tritón.

La ciudad del Turia quiere y sabe ejercer de capital administrativa y política de la Comunidad Valenciana y de tercera capital provincial de España. En los alrededores de la **plaza de la Virgen** se situa el centro neurálgico de las instituciones políticas que sustentan ese protagonismo. Por esta circunstancia en los bares y en los espacios peatonales del **barrio de la Seu** es fácil cruzarse con afamados dirigentes políticos, hombres de finanzas y de empresas, mientras ajenas a ese trasiego de prestigio y poder social otras personas anónimas disfrutan de la animación callejera tomando el sol. La plaza, con el rumor de su fuente dedicada a las acequias del Turia, constituye un escenario de ocupaciones tan divergentes como el ocio y el negocio, el fervor religioso y la fiesta pagana. El precioso **Palau de la Generalitat** alberga la sede del gobierno autónomo, representa al poder político valenciano y es una auténtica joya arquitectónica de refinado estilo gótico. Frente a sus balcones y ventanales, la **Basílica de la Virgen de los Desamparados** encierra en un oratorio de encendido barroquismo la imagen más venerada, la patrona de los valencianos. En su origen debió ser una estatua yacente, que tenía la cabeza ligeramente incorporada. De ahí su identificación popular: la *geperudeta*, la jorobadita.

Palacio de la Generalitat. Salón Dorado.

Salón de los Reyes.

Fachada del Palau de la Generalitat.

VALENCIA

20

Tribunal de las Aguas.

El Tribunal de las Aguas, cuadro de Bernardo Ferrandiz.

Sesión del Tribunal de las Aguas un jueves cualquiera.

Pero la eclosión vital de este recinto urbano, donde se encontraba el ayuntamiento medieval, el visitante la puede encontrar cada jueves del año. Ese día de la semana, ante la *Puerta de los Apóstoles* de la Catedral se reúne el posiblemente milenario **Tribunal de las Aguas**, que tiene jurisdicción sobre los conflictos ocasionados por la distribución de aguas de la red de acequias de la huerta valenciana sin escribir un sólo documento. Lo que vale es la palabra y la credibilidad de los testigos que se presentan ante el tribunal, cuyos miembros lucen el blusón negro de huertano. A estas alturas del texto, el lector ya habrá descubierto que el agua tiene una presencia omnipotente en el quehacer cotidiano de los valencianos. Esta lección de moderación y equidad contrasta con el desbordamiento humano y el apasionamiento que se produce en el mismo lugar la mañana del traslado de la Virgen de los Desamparados desde su camarín hasta la Catedral para salir luego, por la tarde, en procesión. Sus seguidores intentan arrebatar la imagen y le lanzan piropos de todos los colores y texturas. Una tercera estampa ciudadana para fotografiar en esta plaza se produce a mediados de marzo, cuando todas las personas que participan en las fiestas falleras desfilan durante horas y horas ante la Virgen para depositar ramos y cestas de flores con los que se construye un magnífico tapiz y auténticas montañas de claveles, rosas y lirios. Entrar en la plaza esos días permite sumergirse en un mar de olores y fragancias difícil de describir con palabras.

La Puerta de los Apóstoles de la catedral, marco para tantos acontecimientos de la vida ciudadana, aparece solitaria y misteriosa en la noche.

Ofrenda floral a la Virgen durante las fiestas falleras.

El Grao. Puerto pesquero.

Puerto comercial.

VALENCIA

Valencia es una ciudad con doble rostro: uno mira con deseos expansivos hacia el intenso sol que sale por el mar, y que luce sin pudor la mayor parte del año; el otro rostro dirige su mirada hacia dentro y domina el horizonte de la economía y la mística del rendimiento y del trabajo.

La ciudad ejerce asimismo un doble juego. Por una parte evoca su origen rural, su caracter de recinto huertano de preciados productos que se ofrecen a diario en mercados y se envasan para satisfacer paladares de otros lugares. Gracias a ese escenario agrícola estableció en edad temprana las primeras normas para establecer las transacciones por mar y tierra, alimentando su identidad con los espacios del zoco y del mercado. Por otra parte, es una ciudad de tamaño medio, fácil de habitar, que apuesta por el futuro europeo, por la expansión económica, por la competitividad y los retos del nuevo milenarismo. Esta parte más trepidante se capta al pasear por la **avenida de Aragón** y la prolongación del **Paseo de la Alameda**.

Paseo de la Alameda.

VALENCIA

26

El pintoresco barrio del mercado.

Pero al visitante seguro que le llamará más la atención la imagen tradicional de la Valencia de los mercaderes que la moderna, bastante similar a espacios de otras ciudades. Cerca del barrio formado a la sombra del Miguelete, en tiempo medieval se creó un conglomerado de calles dedicado al comercio y la artesanía en el entorno de la **plaza del Mercado**. Durante siglos, bajo los toldos de sus puestos callejeros se concentró la abacería más concurrida del antiguo Reino de Valencia. Posteriormente, mercaderes y mercadería se protegieron bajo las enormes bóvedas encristaladas del nuevo edificio, concluido en 1928, auténtico templo de la huerta y la gastronomía, considerado uno de los más notables de Europa en su género de arquitectura civil. La ciudad se despierta cada mañana en estas vías. Aparecen los comerciantes más madrugadores en los bares que ofrecen café y bollos, los primeros bocadillos de atún con aceitunas de la jornada, las primeras cervezas y patatas fritas. La incesante actividad del mercado exige tener todo el mostrador dispuesto y preparado muy temprano para recibir a los compradores más madrugadores. Las vendedoras lucen sus blancos delantales con puntillas y dedican cariñosos apelativos a sus clientes para incitar a la compra. En la sección de pescadería se concentran las más ruidosas, las más extrovertidas, las más acostumbradas a regatear en la subasta del pescado. Los productos frescos de la huerta y del mar esperan luminosos sobre el mostrador, como si fueran un cuadro recién pintado. Los domingos estas calles y la recoleta **plaza Redonda** cambian su traje huertano de la semana y acogen un improvisado rastro callejero en el que se mezclan los filatelistas y numismáticos, los vendedores de pájaros, peces y plantas, con los cambistas de revistas viejas, quincalleros y anticuarios. Es esa identidad de pueblo algo moro y dicharachero lo que sorprende en esta barriada. Son gentes que conocen la vida moderna, pero prefieren que la cesta de la compra y la mesa estén bien servidas con productos naturales, ajenas a la cocina prefabricada y envasada.

Plaza Redonda.

Mercado Central.

VALENCIA

28

Puestos en el Mercado Central.

Bar típico en el barrio del mercado.

VALENCIA

29

Cúpula del mercado.

Mercado Central iluminado.

Salón de columnas helicoidales de la Lonja.   Lonja. ➤

El contraste de la ciudad se sigue descubriendo en la misma plaza del Mercado. Frente al descrito edificio de animadas ventas para consumir en los fogones se encuentra **La Lonja**, el monumento gótico por excelencia de la ciudad construido por la *Taula de Canvis* (mesa de cambios), la primera institución bancaria que operó en Valencia para financiar las transacciones comerciales. El Marqués de Lozoya en su historia del arte señala que en Francia, Italia o Flandes en la misma época no se construyó nada igual para el servicio del comercio. La Unesco ha reconocido esa singularidad artística al declararlo Patrimonio de la Humanidad, catálogo selecto de medio millar de lugares de todo el mundo (monumentos, centros históricos y parajes naturales) que representan a las diferentes culturas y formas de vida de la tierra. Su salón de columnas helicoidales, donde los mercaderes cerraban sus operaciones, semeja un bosque de palmeras cubiertas por un cielo estrellado. El historiador Salvador Aldana escribe que las columnas son como árboles de un paraíso y las numerosas bóvedas representación poética de la bóveda celeste. Ahora ha perdido su destino mercantil, y es un lugar majestuoso para celebrar acontecimientos señalados en la vida de la ciudad y para ser visitado por miles de turistas, que extasiados participan del aire de fiesta ciudadana que cada mañana ilumina esta parte de la urbe antigua.

La Lonja es el único monumento de la Comunidad Valenciana patrocinado por la Unesco. El maestro Pere Compte, el más prestigioso de la época en la antigua Corona de Aragón, comenzó a construirla en 1483. Su espacio se proyectó en dos secciones, el *Salón Columnario* y el pabellón del *Consulado del Mar*, unidos ambos por un torreón central y a través de un silencioso jardín interior. El monumento, financiado enteramente por la sociedad civil, es el símbolo de la pujanza económica que adquirió Valencia durante el siglo xv, el Siglo de Oro valenciano. Al final de la centuria duplicó su población por la importante actividad comercial desplegada con las repúblicas italianas y otros países mediterráneos y europeos.

Fachada del Palacio del Marqués de Dos Aguas, de la que se ha dicho que surgió de una pesadilla de su creador.

Otra imagen de la ciudad que impresionará la retina del visitante corresponde a sus raíces barrocas. El exceso de las fiestas y las manifestaciones populares de la ciudad invita a algunos escritores a describirla como tierra deslumbrada por el barroquismo. Probablemente así sea, aunque tampoco desmerezca tomar en consideración otras identidades culturales. Pero, en cualquier caso, el **Palacio del Marqués de Dos Aguas**, sede del *Museo Nacional de Cerámica González Martí*, ratifica sobradamente ese análisis. Junto a las calles de Poeta Querol y Paz, arterias recomendadas para visitar tiendas elegantes, el heredero del Marquesado de Dos Aguas decidió transformar su casa solariega en un suntuoso palacio, con la intervención de los artistas más cotizados en la Valencia del siglo XVIII. El escultor Ignacio Vergara plasmó en la fachada principal una obra en alabastro de increíble belleza. Hay quien ha descrito que este diseño surgió de una pesadilla de su creador, fascinado por el tratamiento que Miguel Angel confirió a lo divino y a lo humano en su Capilla Sixtina. La composición escultórica es una alegoría sobre el agua y el fluir de los ríos, la vegetación y la fauna que alimentan, mientras dos monumentales gigantes, uno desnudo y otro medio tapado, se someten al generoso dictado de la naturaleza.

Museo de Cerámica. Jarrón de Manises del siglo XIX.

Plato de Manises del siglo XVI.

El Patriarca. Capilla de la Inmaculada.

Muy cerca del museo se encuentra el conjunto arquitectónico de **El Patriarca**, donde es posible constatar que el Renacimiento también pasó por esta capital del Turia. Los valencianos le tienen especial estima para celebrar bodas y funerales. En el recinto de acceso, por cierto bastante oscuro, aparece un dragón, motivo de sugerentes fabulaciones en la literatura valenciana. Por la proximidad del desecado brazo del río, que antiguamente envolvía la ciudad isla, hay quien adjudicó su llegada al convento al paso de las aguas turbulentas por la actual calle de las Barcas. El hecho de que permanezca inmóvil, disecado y colgado de la pared acentúa aun más esas ensoñaciones. En realidad fué un regalo del virrey de Perú al Patriarca, San Juan de Ribera, promotor en el siglo XVII de la Contrarreforma, arzobispo de Valencia, virrey y otros cargos más, que le hicieron ser figura clave en la sociedad de su época.

Claustro del Colegio del Patriarca.

Centre del Carme. Claustro.

La ciudad ofrece también un deslumbrante escaparate cultural y artístico, un paraíso para los vanguardistas, en el **Instituto Valenciano de Arte Moderno** (IVAM), en sus dos sedes del **Centro Julio González** y del **Centre del Carme**. Este último, ubicado en el convento donde se encontraba la antigua academia de Bellas Artes, ha conseguido transformar con magia las solemnes aulas en recintos de contemplación y goce estético. El edificio principal de nueva planta alberga siempre exposiciones de proyección internacional, que recalan en Valencia antes o después de viajar por Berlín, París y Nueva York, así como muestras significativas de los creadores que hicieron de Valencia una tierra de artistas. Alrededor de estos centros de cultura de día, al que se agrega el amplio espacio de **La Beneficencia**, el **barrio del Carmen**, donde se encuentran ubicados, sufre una transformación cuando se expanden las sombras de la noche y los numerosos bares y pubs de la calle Caballeros y plaza San Jaime encienden los focos del glamour y la moda para recibir a la gente guapa, que desea alcanzar la madrugada con la copa en la mano y la mente perdida. La noche valenciana ofrece igualmente sus mejores galas en la Avenida de Aragón, Paseo Blasco Ibáñez, y cuando llega el buen tiempo en la Malvarrosa, junto al rumor de las olas del Mediterráneo.

Centre del Carme.

Centre Julio González.

Animadas calles y terrazas en el centro de la ciudad.

Valencia es una ciudad plana, completamente llana, y luminosa. «Valencia la clara», dice el *Cantar del Mio Cid* cuando alude a la capital del río Turia. Y eso es verdad. La luz, especialmente cuando sopla el viento interior y en la estación de otoño, brilla de una manera especial. Parece como si tuviera más profundidad y proyectara más contrastes. Su clima hace que esa luminosidad, inmortalizada en los cuadros de la **playa de la Malvarrosa** pintados por Joaquin Sorolla, convierta los colores en tonalidades casi transparentes y provoque una especial euforia en sus gentes. Los domingos por la mañana, sus seguidores colocan los caballetes sobre la arena y reproducen los gestos y trazos del maestro pintor. El remozado **Paseo Marítimo** permite disfrutar de esa luz en relajado paseo, claridad encerrada por un horizonte despejado y profundo, y una vez satisfecho el espíritu el paseante puede acudir con diligencia a los restaurantes típicos de la playa que ofrecen paella valenciana, sabrosos mariscos y entradas típicas. En uno de ellos, *Casa Pepica*, el escritor norteamericano Ernest Hemingway dió fe de esta fama gastronómica. Un personaje de su novela *Por quién doblan las campanas* describe la Valencia de los años 30 por su animada concurrencia: «nunca he visto unos cafés tan llenos. Había que aguardar horas antes de encontrar asiento, y los tranvías iban atestados hasta los topes. En Valencia había ajetreo todo el día y toda la noche». Una descripción que subraya el caracter extravertido de la ciudad. Los valencianos viven en la calle, porque el suave clima invita a deambular de uno a otro lado, y porque su caracter de ciudad de tipo medio, especialmente en el centro urbano, permite que todavía las relaciones de vecindad y los encuentros callejeros formen parte de las ocupaciones de cada día.

Playas de las Arenas y Malvarrosa.

Puerto. Avenida de Neptuno.

Balneario de Las Arenas.

VALENCIA

43

Restaurante en el Paseo de Neptuno. Paellas.

La pasión por la vida de los valencianos se demuestra en su gastronomía, en el ritual de convivencia y de culto al estómago que se establece cada domingo que familiares y grupos de amigos quedan para hacer y comer la típica paella en la casa de campo. El arroz es popular porque es versátil y acepta gustoso cualquier compañia que le pongan sobre el fuego. Al arroz, como dicen algunos, le caben todo tipo de artistas invitados. Tiene capacidad de absorber todos los sabores de sus acompañantes, así que su lista de variedades es inagotable. Un buen cocinero puede probar e inventar las recetas de arroz que guste.

La **paella**, el plato nacional de los valencianos por excelencia, era en su origen el nombre del propio recipiente de la sartén en la que se hacía el arroz seco con algún ingrediente de carne, pescado, mariscos y legumbres. Ahora el recipiente de hierro de poco fondo y con dos asas recibe el nombre de *paellera* y su contenido la designación tradicional.

En los últimos años se ha recuperado la costumbre de hacer paellas en las calles de Valencia con motivo de las fiestas falleras. Se trata de una animada y distraída actividad gastronómica, que requiere tener un buen corro de amigos y familiares que sigue la evolución de su coción. Desde que se comienzan a preparar los ingredientes hasta que se consumen vorazmente con cucharas de maderas, comiendo todos los invitados del mismo recipiente sentados en círculo y echando tragos del porrón de vino, la fiesta de la paella es una acción colectiva que permite pasar largas horas en buena convivencia.

El rito es incluso más atractivo si se hace con fuego de leña, que al principio debe ser intenso y al final más lento, para que no se queme el arroz y tampoco se abra el grano. Puede ser de carne, pollo o conejo, de marisco y mixta. Se le añaden diversas hortalizas de temporada, incluso engañados caracoles. Hay comarcas que agregan judías secas, trozos de costilla de cerdo y pimientos. La paella admite múltiples combinaciones porque lo engulle casi todo. Y no podía ser de otro modo, porque a Valencia le va todo lo que sea mezcla y fusión.

VALENCIA

45

Paella marinera.

Llamada en tiempo de los íberos *Tyris*, nombre relacionado con la denominación de su río, y transformada después en la *Valentia* romana, la ciudad creció paulatinamente protegida por los últimos meandros del río Turia, en su tramo final, antes de llegar a su desembocadura. Hasta que Valencia no consiguió romper ese cerco natural marcado por el río, y hasta que no pudo derribar el cerco físico que ejercían sus murallas, no se fusionó con el mar. En la actualidad el desvío del río ha dejado en su viejo cauce una importante zona verde, el parque más grande y largo que disfrutan los ciudadanos. Ahí sí que es posible ver cómo gozan al aire libre los niños y los mayores, los jóvenes y los maduros, los deportistas y los ociosos. En el tramo que se sitúa entre la prolongación del Paseo de la Alameda y Jacinto Benavente, el arquitecto Ricardo Bofill le confirió aires de la Grecia clásica, mientras la gran bóveda de cristal del **Palau de la Música** conserva las preciosas melodías que ofrecen en el principal auditorio de la ciudad las primeras orquestas y solistas del mundo. En este centro cultural se recrean con una programación muy exigente los amantes de la música, auténtica tradición de los valencianos expresada a través de las numerosas bandas de música y de las innumerables sociedades musicales.

Jardines del Turia. Palau de la Música.

Palau de la Música.

Jardines del Turia.

Jardín Botánico. *Jardines de Monforte.*

Otros jardines emblemáticos invitan a consumir las horas del día extasiado ante infinidad de árboles y flores. Los **Viveros Municipales** son los más amplios y antiguos, pero los **Jardines de Monforte** le ganan en belleza e intensidad cromática. También el **Parterre** es una isla verde junto a los grandes almacenes y las zonas comerciales. Y en su centro la estatuta ecuestre del rey aragonés Jaime I, que cristianizó Valencia en 1238 y fundó desde esta ciudad el Reino de Valencia. Años antes, en 1094, el legendario caballero Cid Campeador, combativo jinete que ofrecía sus servicios al mejor postor, arrebató por unos años la ciudad a sus ocupantes musulmanes, anticipando de manera breve y fugaz la prosperidad que iba a suponer el largo reinado de Jaime I. Durante los siglos XV y XVI la ciudad protagonizó la epoca más floreciente de su historia en el ámbito del comercio mediterráneo, de las relaciones internacionales y de la cultura.

Jardines de Monforte.

Fuera de la ciudad, no obstante, se encuentra la zona verde por la que los valencianos sienten más orgullo. Es el lago de **La Albufera**, un parque público que se privatizó parcialmente cuando la defensa del medio ambiente todavía no era una bandera imprescindible. Entre el mar y los campos de arroz, al sur de la urbe, constituye un paraíso natural para las aves migratorias. El lago tiene alrededor de seis kilómetros de diámetro. Su visión inicial se sitúa en el mirador ubicado junto a la carretera, antes de rebasar la primera compuerta por donde el agua del lago sale al mar y se renueva. A la zona central se le llama en valenciano *lluent*, que significa el punto más luminoso, el que recoge más luz. Los poetas árabes que conocieron esta tierra con detalle lo describieron como el espejo del sol. Este lago es un buen resumen visual de los dos elementos que persiguen al visitante en todo el recorrido por este término municipal: la luz natural y el agua en sus diversas manifestaciones y calidades. Desde el mirador se puede dar un paseo en barca si coincide que el barquero está dispuesto, ya que no tiene un horario fijo para ofrecer este servicio al viajero. Si no, en **El Palmar**, población que creció junto al lago, se puede satisfacer este deseo en los numerosos muelles y completarlo con una cita gastronómica en sus bares y restaurantes.

La Albufera.

Catedral de Valencia. *Nave central.*

Cimborrio.

Museo de Bellas Artes. Salas y cúpula.

Universidad.

Museo de Bellas Artes. San Pío V. *Plaza de Alfonso el Magnánimo. Estatua de Jaime I.*

Puente de Calatrava. *Parque Gulliver.*

Edificio Europa, en la avenida de Aragón.

Falleras.

La ciudad del Turia rezuma hedonismo y goce de vivir por sus cuatro costados, porque la vida, en un sentido muy general, trata bien a los que en ella moran. Esas buenas vibraciones se transmiten a quien llega por primera vez dispuesto a conocerla y disfrutarla. Con este sentido lúdico de la existencia se rememoran las tradiciones de cada época del año. Existen muchas formas de celebrar la Semana Santa en España, pero el pueblo valenciano ha elegido una muy específica, que se conserva en los Poblados Marítimos: la suntuosidad de los trajes y peinados bíblicos de las vecinas que salen en las procesiones o la elegancia de los hombres vestidos de soldados franceses tienen más presencia social que la fervorosa religiosidad o la evocación a la trascendencia, elementos espirituales que se encuentran en el origen de estas celebraciones penitenciales.

Las Fallas son las fiestas centrales del calendario anual. Son fiestas de la capital y de otras numerosas poblaciones de la Comunidad Valenciana. La construcción de monumentos satíricos en el cruce de calles, en las plazas tradicionales, en las barriadas populares, generan un apretado programa de actos y manifestaciones en el que la pólvora y la música son sus principales acompañantes. La noche del 19 de marzo el fuego hace desaparecer como por arte de magia todo rastro de la fiesta en la ciudad, que por primera vez en muchos días puede dormir sin sobresaltos acústicos. Las fiestas del Corpus Christi y de la Virgen de los Desamparados, en el mes de mayo, destacan por su brillantez en ese calendario festivo. Los innumerables pétalos de rosa que arrojan los vecinos sobre una alfombra de murta, de característicos efluvios, al pasar las imágenes y la custodia por la calle Caballeros y otras vías del centro histórico, convierten el trayecto de la comitiva religiosa en un laberinto de plasticidad y fragancias.

Las flores constituyen una constante en las celebraciones de los valencianos. En la llamada Batalla de Flores, que se realiza en el Paseo de la Alameda con motivo de la Feria de Julio, este apreciado fruto de la huerta adquiere un uso insólito, el de objeto arrojadizo entre los ocupantes de las carrozas y el público. El paseo queda cubierto esa tarde por una alfombra colorista y olorosa, resultado de este enfrentamiento incruento y festivo, protagonizado por ciudadanos que ya tienen preparadas sus maletas en casa para horas después viajar a la costa y consumir el mes de agosto bajo el intenso sol de las playas valencianas.

Falla en la Plaza del Ayuntamiento.

Falla en la Plaza de la Reina.

Falla en el Mercado Central.

Ninots.

Cremá, en la noche del 19 de marzo. *Mascletá.* ➤

En realidad esta tierra de naranjeros, artistas, músicos, diseñadores y labradores, está acostumbrada a vivir con los cinco sentidos. Los ciudadanos se irritan el día que no sale el sol, el día que llueve, al contrario de lo que sucede en otros pueblos más centroeuropeos que se descontrolan a causa del calor y el buen tiempo. Aquí en Valencia, la razón de vivir no se define por el pensamiento intimista y recogido, sino más bien por la pasión de los sentidos que ofrece su escenario urbano y la extraversión de sus gentes expresada por medio de sus fiestas.

La Albufera.